麹の力でやわらかヘルシー

塩《しお》麹《こうじ》のおいしいレシピ

川上文代

東京書店

はじめに

「塩麹」とは、
東北地方に伝わる自然の旨味がつまった
万能調味料です。
「麹」「塩」「水」だけでつくることができ、
旨味の深さと保存性の良さで、
昔から多くの料理に使われてきました。

炒め物や煮込みの味付け、
蒸し料理のソース、漬け置きして焼き物など
さまざまな料理に使えます。

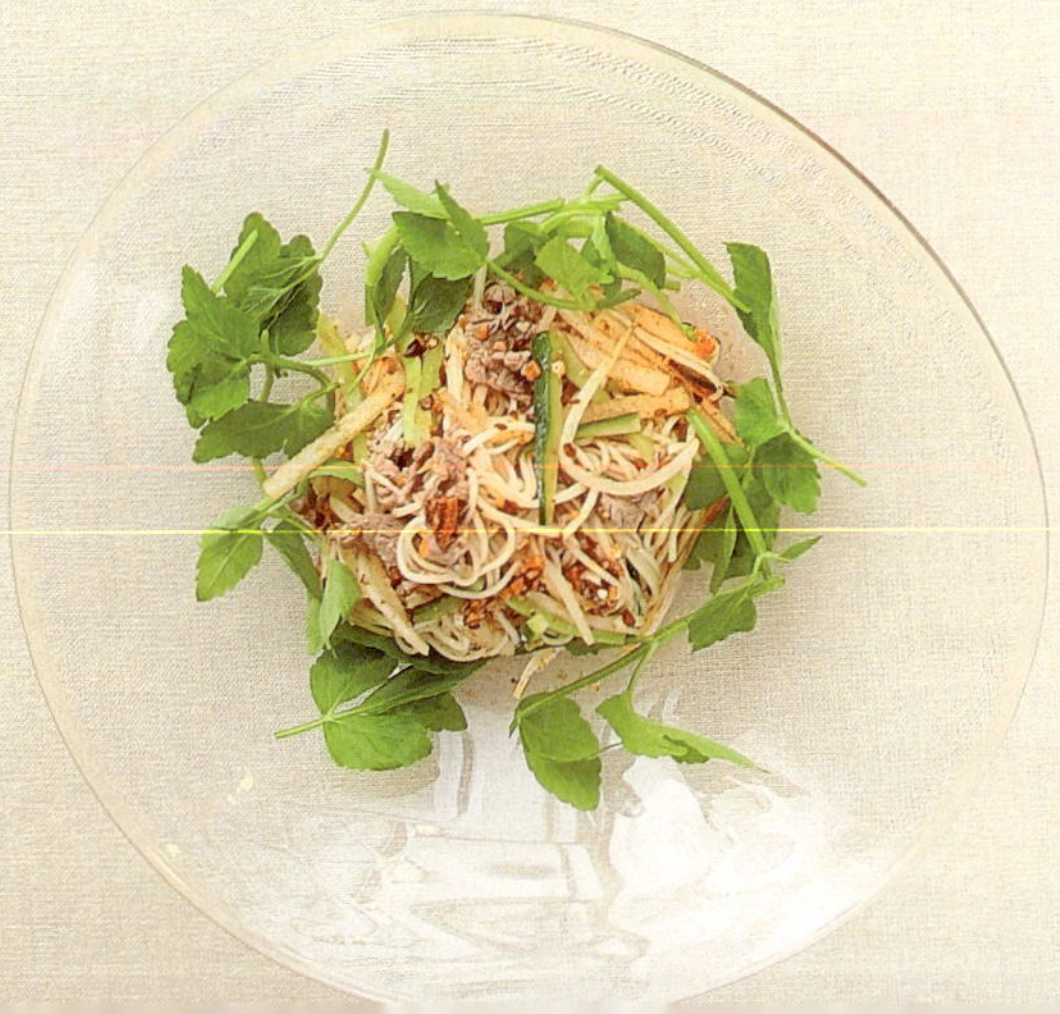

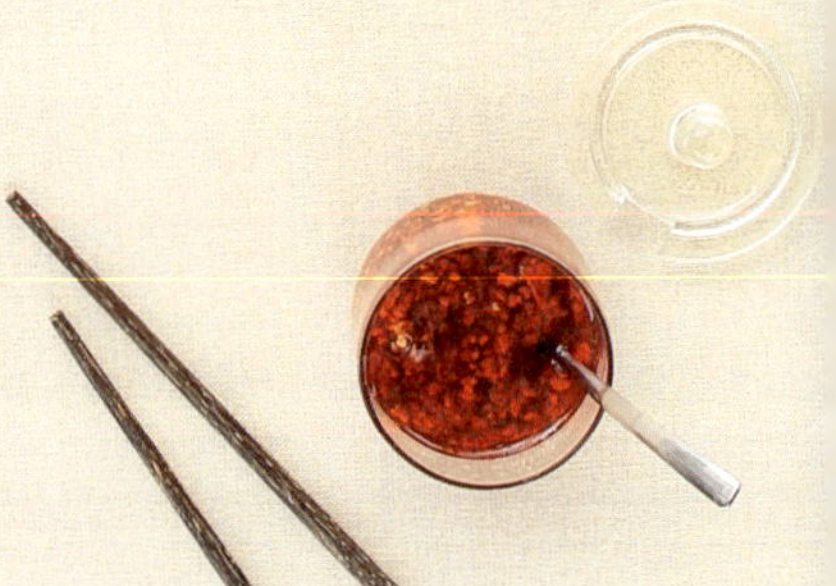

この本で紹介する「塩麹」は、
生野菜にそのままつけても美味。
肉や魚にまぶしてしばらく置いて調理すれば、
麹の成分が素材のタンパク質を分解し、
旨味を増加させるとともに、肉をやわらかく、
魚をしっとりとした食感に変身させます。

また、旨味や香りのおかげで塩分が抑えられたり、
血圧調整や整腸作用が期待できるなど、
健康調味料としても注目されています。

「塩麹」を日々の食事に取り入れて
おいしく健康的な毎日を過ごして下さい。

もくじ

四章

71 保存もらくらく　酒の肴と常備菜

永久保存版

85 塩麹でおいしい万能だれ＆ソース

番外編

麹とは？

麹とは、米や麦、大豆などの穀物を精白するときにできたぬかなどに、食品発酵に必要な麹菌などの微生物を繁殖させたものです。麹は、日本古来食べられている味噌や醤油、清酒、焼酎、食酢、漬物などの発酵食品をつくる際に必要なもので、実は、日本人に非常に馴染みの深いものです。今ではスーパーなどの片隅に乾燥タイプのものを見かけるくらいですが、一昔前は、全国どこの町にも麹屋があり、一般家庭でも味噌をつくったり、漬物を漬けたりと日常的に使われていました。現在では、全国の麹屋はせいぜい20軒ほどだそうです。

麹の優れた効用

麹は、日本の風土環境に最も適し、自然発生的に生育してきた有用微生物です。麹菌は、アミラーゼ（デンプン糖化酵素）、プロテアーゼ（タンパク分解酵素）、リパーゼ（脂肪分解酵素）の三大消化酵素を豊富に含み、体内の栄養素の分解、運搬、合成、排出を行う上で重要な働きをします。代謝を良くしたり、解毒作用を高めたり、最近の研究では、免疫力を高め、アレルゲン除去にも役立つと発表されています。

栄養バランスの偏った食生活では、圧倒的に酵素が不足します。しかも酵素は年齢とともにつくられる量が減るため、麹菌の入ったものを食品で補給してあげることが大切です。しかし、麹そのものを食するのはなかなか難しいものです。そこで、麹にひと手間かけ、天然の旨味調味料＝「塩麹」にして食事に摂り入れることをオススメします。

塩麹を料理に使用することの魅力

塩麹を料理に使用するのは、塩分としての味付けの役割だけではありません。麹菌の酵素がそれぞれの食材にしみ込んで、食材自体の旨味を引き出してくれます。例えば、アミラーゼはデンプン質を糖分に分解して甘味を生み、プロテアーゼは、タンパク質をアミノ酸に分解して旨味を高めるとともに肉質をやわらかくします。

本書のレシピには、1〜3日漬け置きをするという過程がありますが、それは、食材をよりおいしくするための変身時間です。〝焦らず手間をかけて時間をかけて食を堪能する〟そんな贅沢な時間を1日1回でも、家族や自分のためにつくってみてはいかがでしょうか。

麹の安全性

はぜこみが良い麹（※1）、すなわち優良な麹を使った本格醸造食品は、保存料などの添加物が入っていなくても貯蔵性が高く、かえって貯蔵により熟成し、おいしさがどんどん増していきます。昔から手づくりされてきた酒、焼酎、味噌、醤油、食酢、漬物などがそれにあたります（※2）。一方で、保存料の入った食品は、時間が経てば腐敗していきます。

戦後の日本の食生活は、高度経済成長の中、欧米化した食事や冷凍食品、調味料の多様化などにより、食品添加物や保存料などがほとんどの食べ物に入るようになりました。それによって、戦前にはなかった病気や症状も増えてきました。

塩麹は、麹の熟成に加え、塩分量によって、より保存性を高めます。昔から食べられてきた発酵食品である塩麹が、これからの優良調味料として広まっていくことでしょう。

※1 はぜとは、麹造りの段階で重要視される概念で、麹菌の菌糸が蒸し米に根つき、喰い込んだように見える状態をいう。はぜこみが良いとは、はぜの生じ方が良いという意味。

※2 現在市販されている調味料の多くは、大量生産や保存性を重視し、食品添加物が入っているものが多い。

日本一の麹菌を訪ねる

鹿児島市中心街から少し離れた、町民1000人程の自然豊かな町にあります

おいしい塩麹をつくるにあたり、最も重要なのが、おいしい米麹を手に入れること。麹菌は何百種類とあるのですが、その中で米麹に合うものを選び、製造しているところはないかと調べたところ、全国の種麹（焼酎用）シェア80％以上を占める種麹屋にたどり着きました。そこは鹿児島県の中心地から車で約15分ほどの穏やかな街並みにひっそり佇む「河内源一郎商店」。会社名にもなっている初代河内源一郎氏（故）が研究に研究を重ね、築き上げてきた種麹のパイオニアです。種麹や麹をつくるだけでなく、麹をつくる技能者が経験をもとに、良い麹をつくることができる機械や蒸留器も研究・製造しています。

こちらの開発室室長 池田さんにおいしい米麹について聞いてみたところ

「こちらで販売する米麹に使う麹菌は、他社に真似できない独自の麹菌を使用しています。日本に存在する麹菌を研究し尽くしている種麹屋だからこそ、おいしい米麹や甘酒がつくれるんです」と語ってくれました。

では、どのように米麹がつくられているのか見せてもらいましょう。

種麹づくりは、昔ながらの木製麹蓋で純粋培養。他の菌を一切寄せ付けないよう徹底的に管理されています

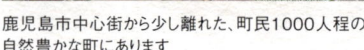

米麹ができるまで

種麹は5日、米麹は3日かけてつくられます。実際に米麹がどのようにつくられるのか麹工場を見せてもらいました。工場内では、一定の温度に保ったり、蒸し上げたりするので高温多湿で作業をしています。

一日目 種麹の植え付け

300kg型のドラムで、米を蒸して種麹を植え付けます。7～8時間くらいで麹菌が芽を出し、発育して温度が上がっていきます

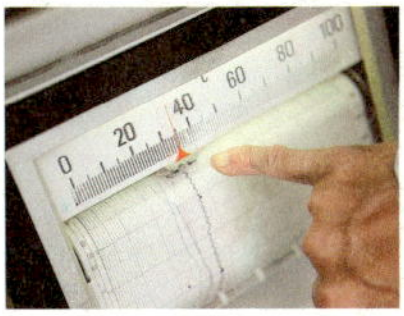

米麹に入れた温度計の計測がコンピュータに送られ常時管理しています

米麹の一番温度が高いところに温度計を入れ、温度測定をします

二日目 手入れ

二日目の朝、米麹を三角棚へ移します。発育をうながすために温風を送ったり、発育が盛んになり温度が上がり過ぎるのをおさえるため冷風を送ったりと、温度管理を徹底しています。さらに、菌糸がからみあわないように職人が全体を均等に混ぜ合わせる作業“手入れ”をします

三日目 出麹《でこうじ》

三日目の朝、米麹ができあがります。このあとパック詰めをして商品となります

次のページは、おいしい米麹をつくった河内源一郎商店の秘話に迫ります

日本一の麹菌を訪ねる

河内源一郎《かわうちげんいちろう》物語《ものがたり》

「近代焼酎の父」と呼ばれた 河内源一郎

会社の名前でもある初代 河内源一郎は、代々続くしょうゆ屋の家に生まれ、幼少期から麹やもろみなどの微生物が織り成す〝発酵〟に強い興味を持っていました。高校で醸造を学んだ後、明治42年に大蔵省入りをし、造り酒屋の技術指導員として訪れた巡視先で、鹿児島焼酎と出会います。当時の焼酎づくりに使われていた黄麹菌は、暑さに弱いものでした。多くの醸造屋から相談された源一郎は、焼酎造りに適した麹菌の研究に取り組みます。

その後、源一郎は、焼酎造りに最適な「泡盛黒麹菌」の培養に成功。またたく間に九州全土に普及しました。日本の焼酎文化はここから始まったと言われています。

大正13年には、黒麹菌より格段に向上した優れものの白麹菌を発見します。これは黒麹菌に替わり日本中で広まる、と源一郎は確信したものの、黄麹菌から黒麹菌に替わり安定操業をしていた醸造屋はすぐに白麹菌を採用しませんでした。そこで源一郎は、退官後、自宅を改造し、自ら白麹菌を製造・販売する「河内源一郎商店」を開業しました。

菌種の袋
一般的に焼酎に使われる「河内菌白麹」と、改良に改良を重ねた「黄麹菌」。包装には、源一郎の実家の商標が入っています

黄麹菌（上）
主に味噌・甘酒・酢に使われる麹菌。米麹には黄麹菌が使われます

黒麹菌（右下）
主に焼酎に使われる麹菌。焼酎にすると甘さとキレがありコクがうまれます

白麹菌（左下）
主に焼酎に使われる麹菌。「河内菌白麹」と呼ばれています

「研究の虫」源一郎

昭和23年、源一郎は、胃潰瘍の手術で入院をする日、手術前の空腹と研究の疲れから容態が急変し息を引き取りました。そのとき、源一郎のふところからは、純粋分離中の麹菌と蒸し米が入った試験管とシャーレが5個出てきたといいます。培養装置のない戦後の混乱期、自らの体温で麹菌を培養していたようです。源一郎の死去直後、白麹菌は「河内菌白麹」と名付けられ、飛躍的な品質向上をもたらす菌となりました。

河内源一郎商店では、今でも数百種類以上の種麹菌を持ち、日々改良を続けています。中でも「河内菌白麹」は、全国の焼酎蔵元の80％以上で使用されており、まさに種麹菌のパイオニアとなっています。

河内源一郎商店「麹の館」

「麹の館」の店内は、甘酒や米麹を始め、麹製品がたくさん並びます

河内源一郎商店の直売店「麹の館」では、伝統食品の源流である麹菌の中の優良品種を選び、その優良な麹の力と天然素材を使用したオリジナルの商品が揃います。化学調味料、保存料などを一切使用しない“無添加で全く新しい独自の健康食品”ばかりです。

『米こうじ』500g　420円
ここでしか味わえない独自の種麹を使用したオリジナルの生の米麹。このレシピ本はこの『米こうじ』を使用しています。

河内源一郎商店「麹の館」

鹿児島県鹿児島市清水町13-30
TEL 099-247-1001
HP 麹の館オンラインショッピング http://www.kawauchi.co.jp

塩麹をつくる

塩麹は完成までに約1週間かかります。
でも一度つくってしまえば、
半年くらいは冷凍庫で保存できます。
冷凍庫から取り出すたびに、
だんだん減っていく塩麹を見て
「あ、そろそろ仕込みをしなくちゃ」と
次の塩麹計画を立てるのが
楽しくなってくるはずです。

1

塩を水に入れてよく溶かしておく。米麹のかたまりを手でくずし、一粒一粒がパラパラになるように手で擦り合わせる

※かたまりがあるとできあがりにムラができるので、ここは重要なポイントです。

2

パラパラになったら今度はしっとりしてくるまで、手の体温を伝えながらよくもむ

用意するもの

米麹(生)…………………… 500g
塩 ………………………… 100g
水 ………………………… 700cc

米麹は生を使用します。乾燥タイプでもつくれますが、できれば深い味わいになる生の米麹を使用しておいしい塩麹をつくってください。

※使用するボウルやタッパーなどは、殺菌消毒をすると塩麹が長持ちするので安心です。
※乾燥タイプを使用する場合は、米麹(乾燥)200g、塩40g、水300ccで同じ手順でつくってください。
※アルカリ水は発酵を止めてしまうので避けてください。
※このレシピは河内源一郎商店の『米こうじ』を使用しています。

米麹以外でも塩麹はつくれます

しょうゆの実麹

“もろみ”ともいう。
東北地方ではメジャーな食べ物

麦麹

さっぱりとして軽快な香りが特徴。麦焼酎に使われることが多い

玄米麹

精白米の麹より酵素力価が高い。清酒や味噌に多く使われる

3つの塩麹のつくり方は111ページへ

3

だんだん麹の香りが広がり、全体がしっとりとなじんで、にぎったときに手の形にまとまれば、塩水を入れてOKというサイン

4

塩水を入れてよく混ぜ合わせたら、大きめのタッパーに入れて軽くフタをし、1週間ほど常温（24度前後が理想）に置く。毎日１～2回かならずかき混ぜる

※夏場は２～３日したら冷蔵庫に入れてください。

（ 1週間後… ）

完成!

タッパーを開いて香りが広がり、麹がやわらかくなればできあがり。完成したら密封をして冷蔵庫へ

※使い切るのに１カ月くらいかかりそうなら冷凍庫に入れて小出しにして使用してください。 冷凍庫に入れても麹は生きているのでご安心を。

この本の決まりごと

材料について

- 大さじ1 …… 15cc
- 小さじ1 …… 5cc
- 1カップ …… 200cc
- 1合 ………… 180cc
- 適量 ……… 味をみながらちょうど良い量を必ず入れる
- 適宜 ……… お好みで入れる
- 少量 ……… 個体／親指・人差し指・中指の3本でつまんだ量
  液体／さっとかける程度の量
- 少々 ……… 固体／親指・人差し指の2本でつまむ量
  液体／1〜2滴分
- 野菜の目安一覧表

野菜	単位	重量(約)	野菜	単位	重量(約)	野菜	単位	重量(約)
玉ネギ	1個	200g	長ネギ	1本	140g	キャベツ	1個	1.2kg
きゅうり	1本	100g	なす	1本	90g	キャベツ	1枚	60g
ニンジン	1本	150g	パプリカ	1個	150g	トマト	1個	150g

塩麹について

この本のレシピでは、14〜15ページでつくった塩麹を使用しています。米麹の種類や塩や水との割合の違いによって、塩分や風味の違った塩麹になるので、塩麹の分量は味を見ながら調整してください。いろいろな塩麹を試して、ご自分のお気に入りの塩麹を見つけてください。また、塩麹は、発酵による風味の変化を楽しむ調味料でもあり、具体的な消費期限を記載していません。香りや味、見た目に異常を感じたら摂取をやめてください。

まれに麹が体質に合わない場合もあります。不調を感じたら摂取をやめ、医師に相談してください。

一章

かんたんオシャレな前菜

シーフードサラダ

ビタミンCたっぷりのグレープフルーツと
シーフードの見た目も鮮やかなさわやかコンビ！

材料（2人分）

ホタテ（刺身用）…………………… 2個（約60g）
エビ ………………………………………… 4尾
ゆでタコ ……………………………………… 60g
A ｜カリフラワー ………………………… 40g
　 ｜ブロッコリー ………………………… 40g
　 ｜モロッコいんげん …………………… 30g
グレープフルーツ ……………………………… 1個
塩麹 ………………………………………… 大さじ1強
オリーヴ油 ……………………………… 大さじ1
こしょう ………………………………………… 少々

※塩ゆでの塩は分量外です。

つくり方

1. ホタテはさっと塩ゆでし、エビは背わたを取りゆでて殻をむいて冷ます。**A**は塩ゆでして冷ましておく。
2. グレープフルーツは果肉を取り、果肉2個分は絞ってジュースにする。
3. グレープフルーツの絞り汁、塩麹、こしょう、オリーヴ油を混ぜ合わせ、こしょうで味を調え、一口大に切った①、ゆでタコと和える。
4. 器にグレープフルーツを並べ、③を盛る。

ポイント

不思議な力の塩麹

塩麹が、エビとホタテのタンパク質をアミノ酸に分解し、旨味を高めて素材をやわらかくします。

海藻サラダ

塩麹としらすのドレッシングが絶妙！
油揚げのサクサク感が食欲をそそります

材料（2人分）

海草ミックス（水で戻して水分を絞ったもの）	60g
グリーンカール	40g
水菜	20g
油揚げ	1/3枚
オクラ	2本
A 塩麹	大さじ1
サラダ油	小さじ2
薄口しょうゆ	小さじ1
しらす	大さじ2

つくり方

1. 油揚げはオーブントースターで2～3分焼いて短冊切りにする。
2. オクラをさっとゆでて種を取り、粗みじん切りをして、**A**とよく混ぜる。
3. 一口大に切ったグリーンカールと水菜、海藻ミックス、油揚げの順で器に盛り、中央に②をかける。

野菜のゼリー

アサリと野菜のエキスが出たブイヨンが絶品！
やさしい塩麹の旨味が口いっぱい広がります

材料（2人分）

	パプリカ（赤・黄・オレンジ）	各10g
	いんげん	10g
	アサリ	10個（約100g）
	白いんげん豆（水煮）	40g
	塩麹	大さじ1
	板ゼラチン	6g
	チキンブイヨン	1カップ
	こしょう	少々
A	生クリーム	大さじ1
	塩麹	少々
	セルフィーユ	適宜

つくり方

❶ 板ゼラチンは冷水で戻しておく。

❷ チキンブイヨンを鍋に入れて沸かし、パプリカといんげんをゆで、火が通ったら取り出し5mm角に切っておく。同じ鍋でアサリをゆで、口が開いたら取り出し殻から身をはずす。

❸ ②のゆで汁の入った鍋に①、塩麹、こしょうを加えてよく混ぜ、クッキングペーパーでボウルにこして②の野菜とアサリ、白いんげん豆を加える。

❹ 泡が入らないように冷水でボウルの底を冷やしながら冷まし、軽くとろみが出てきたらグラスに注ぎ、冷蔵庫で冷やし固める。

❺ **A**を混ぜて泡立てたホイップとセルフィーユを④に飾る。

ポイント

塩麹はスイーツとも相性◎

塩麹のホイップは、市販のシフォンケーキに添えても◎。
塩麹のやさしい塩分とスイーツの甘みが絶妙コンビです。

鶏の白和え

コクのあるゴマの風味と塩麹のまろやかな塩味で
家族も驚く、料亭の味わいに

材料(2人分)

A	鶏ささみ肉	1本
	こんにゃく	30g
	いんげん	30g
	ニンジン	30g
	しいたけ(生)	1枚
B	だし汁	1カップ
	塩麹	大さじ1
	薄口醤油	少々
	木綿豆腐	1/2丁(150g)
	白ゴマペースト	大さじ2
C	砂糖	小さじ2
	塩麹	小さじ1
	薄口醤油	小さじ1/2

つくり方

1. **A**はすべて短冊切りにしておく。
2. **B**を鍋に入れて火にかけ、①のニンジンを先に入れほぼ火が通ったら、①のほかの材料を加える。すべてに火が通ったら取り出して水分をしっかり切る。
3. 木綿豆腐は、重石をのせて約2/3量になるまで水切りをする。
4. 白ゴマペーストに**C**を入れて溶きのばし、③を加えてなめらかになるまで良く混ぜ合わせる。
5. ④に②を入れて和えて、器に盛る。

3種のナムル

調味料と混ぜるだけであっという間の一品。
野菜不足の食卓にうれしいお助けレシピ

材料（各2人分）

［ニンジンナムル］

ニンジン……60g

A
- 塩麹……小さじ1強
- 粉唐辛子……小さじ1/2

ゴマ油……少々

煎り白ゴマ……少々

［小松菜ナムル］

小松菜……80g

B
- 白ネギ（みじん切り）……小さじ1
- 塩麹……大さじ1/2
- おろししょうが……少々
- おろしにんにく……少々
- 煎り黒ゴマ……小さじ1/2

こしょう……少々

［豆もやしナムル］

豆もやし……60g

C
- 白ネギ（みじん切り）……小さじ1
- 塩……小さじ1
- 粉唐辛子……少々
- ゴマ油……小さじ1/2
- 酢・砂糖……各少々

※塩ゆでの塩は分量外です。

つくり方

［ニンジンナムル］

ニンジンは千切りにして、ゴマ油で炒め、ボウルにうつす。**A**を加えて混ぜ合わせ器に盛り、煎り白ゴマを飾る。

［小松菜ナムル］

小松菜は、4cmの長さに切り、塩ゆでして水分を絞る。**B**を加えて混ぜ合わせ、こしょうで味を調えて器に盛る。

［豆もやしナムル］

豆もやしは、ひげを取り除き、塩ゆでして水分を軽く絞る。**C**を加えて混ぜ合わせ器に盛る。

きのこのマリネ

栄養が豊富で低カロリーのきのこたっぷり。
つくり置きができるちょっと大人向けマリネ

材料（2人分）

きのこ（しめじ、エリンギ、舞茸など）
……………………………… 160g
玉ネギ ……………………………… 50g
にんにく ………………………… 1/2片
オリーヴ油 ……………… 大さじ1
A
- 塩麹 ………………… 大さじ1
- マスタード ………… 小さじ1
- ワインビネガー …… 大さじ1/2
- こしょう ……………………… 少々

塩・こしょう ……………… 各適量

つくり方

1. きのこはそれぞれ一口大にほぐし、玉ネギはスライスする。
2. ボウルに**A**を入れて混ぜておく。
3. フライパンにオリーヴ油と包丁で叩き潰したにんにくを弱火で熱し、香りが立ってきたら①の玉ネギを炒める。
4. 玉ネギがしんなりしてきたら、①のきのこと塩・こしょうを加えて強火で香ばしく炒め、②のボウルに入れて室温で冷まして味をなじませ、器に盛る。

材料（2人分）

- 梨 …… 50g
- きゅうり …… 30g
- A
  - 完熟トマト …… 2個
  - パプリカ（赤） …… 40g
  - 玉ネギ …… 30g
- B
  - にんにく …… 少々
  - オリーヴ油 …… 小さじ2
  - 塩麹 …… 大さじ1強
  - タバスコ …… 少々
- プチトマト・梨・ミントの葉 …… 適宜

つくり方

1. 梨ときゅうりは皮をむき、一口大に切る。**A**も一口大に切る。
2. ボウルに①と**B**を混ぜ合わせ、ラップをして冷蔵庫で3時間なじませる。
3. ②をミキサーにかけてなめらかにする。器に注ぎ、お好みでピックに刺したプチトマトと梨、ミントの葉を飾る。

梨風味のガスパチョ

見た目も鮮やかなまるでジュースのような
梨と野菜たっぷりの冷製仕立てのスープです

材料（2人分）

アボカド …………………………… 1個

A｜塩麹 …………………… 大さじ1
　｜ライムの絞り汁 ……… 小さじ2

トマト ………………………………… 40g

紫玉ネギ …………………………… 20g

タバスコ …………………………… 少々

トルティーヤチップス ………… 適宜

香菜 ……………………………… 適宜

つくり方

1. 紫玉ネギは粗みじん切り、トマトは皮をむき種を取って角切りにしておく。
2. ボウルにアボカドの果肉を取り出し、**A**をまぶしてフォークで潰す。そこに①とタバスコを加えて混ぜ合わせて器に盛る。お好みでトルティーヤチップスと香菜を飾る。

アボカドディップ

アンチエイジングに役立つビタミンたっぷり。
食べだしたら止まらないアボカドの手軽な一品

ひよこ豆のディップ

タンパク質を多く含むひよこ豆と
塩麹の相性はバツグン！ パーティメニューに

材料（2人分）

ひよこ豆（水煮） …………… 250g
水 ……………………………… 適量

A
- 塩麹 ………………… 大さじ2
- オリーヴ油 …………… 大さじ2
- 白ゴマペースト ……… 大さじ2
- レモン汁 ……………… 大さじ1
- クミンパウダー …… 小さじ1/2

オリーヴ油 ………………… 大さじ1

B
- クミンパウダー・パプリカパウダー・イタリアンパセリ ………… 適宜

つくり方

1. ひよこ豆は、飾り用を少しとっておき、残りを**A**と一緒にフードプロセッサーにかけてピューレ状にする。
2. ①に水を加えて濃度を調整し、器に盛って中央をくぼませる。
3. オリーヴ油を注ぎ、ひよこ豆を飾り、お好みで**B**を散らす。

くらげとセリの中華サラダ

くらげのコリコリした歯ごたえと
セロリのシャキシャキ感が食欲をそそる一品

材料（2人分）

	塩抜きくらげ	100g
	ハム	50g
	セロリ	40g
	セリ	30g
A	塩麹	小さじ2
	酢	小さじ1
	白ネギ（みじん切り）	小さじ2
	しょうが（みじん切り）	小さじ1/2
	しょうゆ	小さじ1/2
	ゴマ油	小さじ1

つくり方

1. 塩抜きくらげは4cm長さに切る。セロリは切り込みを入れてスライスして冷水につける。セリは4cm長さに切る。ハムは短冊に切る。
2. **A**をボウルに入れ、煙が出るまで熱したゴマ油をかけて混ぜる。
3. ②に①を入れ、大きく混ぜ合わせて器に盛る。

二章

肉と魚のメインディッシュ

焼き餃子

皮からつくっても意外とかんたん！
もちもちの皮と肉汁ジューシーな絶品餃子

材料（2人分／16個分）

A
- 強力粉……80g
- 薄力粉……40g
- 塩麹……小さじ1
- 熱湯……70cc

打ち粉（薄力粉）……適量

B
- キャベツ……2枚
- にら……15g
- 長ネギ……1/4本
- 塩麹……小さじ2

豚ひき肉……150g

C
- おろししょうが……小さじ1/2
- おろしにんにく……少々
- ゴマ油・しょうゆ……各小さじ1/2
- 酒・片栗粉……各小さじ1

サラダ油……小さじ1

水溶き片栗粉…（水100cc＋片栗粉小さじ1/2）

D
- 酢……小さじ1
- しょうゆ……小さじ1
- 針しょうが……少々

つくり方

皮は、写真のようにキメ細かく、耳たぶくらいのやわらかさになればOK

1. 皮をつくる。ボウルに**A**を入れて箸で混ぜてまとめる。台に出してなめらかになるまで手で練り、ラップをかけて30分休ませる。生地を棒状に伸ばし、16等分に切り、断面を上に向けて打ち粉をしながら上から手で押さえ、麺棒で8cmの円形に伸ばして完成。
2. **B**の野菜はそれぞれ粗みじん切りにする。キャベツには塩麹をまぶして10分置いて水分を絞る。
3. ボウルに豚ひき肉、②、**C**を入れてよく混ぜ合わせ、バットに広げて16等分する。
4. 皮に水をつけながら③を包み、サラダ油を熱したフライパンに並べ、水溶き片栗粉を入れてフタをして弱火で約5分蒸し焼きにする。
5. 中まで火が通ったら、フタを外して中火強にし、水分を飛ばしながらこんがり焼き目をつけ、器に盛る。
6. **D**の材料をすべて合わせたれをつくり、餃子に添える。

ローストチキン

パーティーメニューにぴったりの丸鶏ロースト。
塩麹をまぶすことでやわらかくしっとり仕上がります

材料（4人分）

丸鶏 ……………… 1羽（約1kg）
塩麹 …………………… 大さじ3
こしょう …………………… 適量
バター ………………… 大さじ1

A
ニンジン ……………… 60g
玉ネギ ……………… 小1個
レンコン ……………… 60g
かぼちゃ …………… 100g

クレソン ………………… 適宜

つくり方

❶ 丸鶏は、余分な脂や内臓、フルシェット（鎖骨にあたる部分）を取り除き、塩麹とこしょうを外側と内側全体にすりこんで1時間置く。

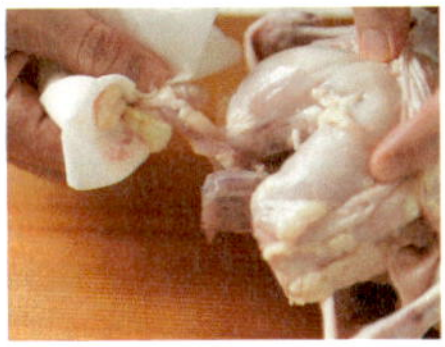
脂を取る時はキッチンペーパーを使用するとすべらずに取れます

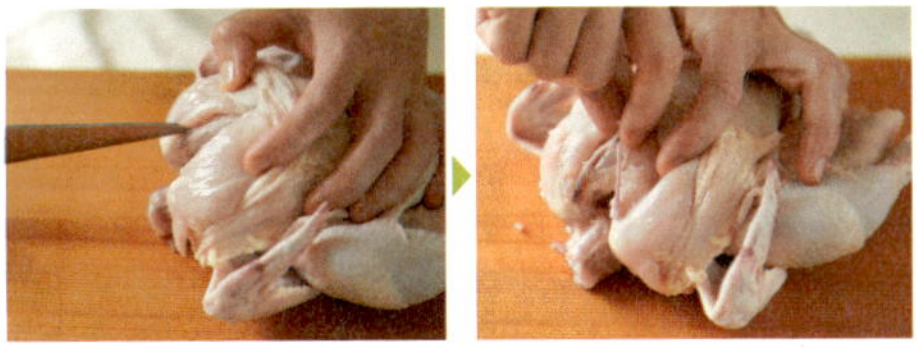
フルシェットは首の根元にハの字に包丁を入れ、中からV字の骨をひっぱり取り外します

❷ フライパンにバターを熱し、強火で丸鶏の表面に焼き色がつくまで焼いて取り出す。

❸ ②のフライパンに食べやすい大きさに切った**A**を入れて、さっと焼き油をからめ、オーブン皿に広げる。

❹ ③に丸鶏をのせ、170度のオーブンで45分加熱する。途中で丸鶏の向きを変え、火の通った野菜は取り出す。丸鶏は頭を上にして立てて、赤い肉汁でなくほぼ透明な汁が出れば焼き上がり。

❺ 丸鶏、野菜、クレソンを器に盛る。

スペアリブの中華煮込み

ホロホロっとやわらかくボリューム満点！
みんなが大好きな甘辛味でご飯が止まりません

材料（2人分）

豚のスペアリブ		600g
塩麹		大さじ2
A	酒	大さじ2
	オイスターソース	大さじ1
	砂糖	大さじ1
	中華ガラスープ	2カップ
	長ネギ（青い部分）	1本分
	しょうが（スライス）	2枚
	八角	1個
チンゲン菜		適量
サラダ油		適量

※塩ゆでの塩は分量外です。

つくり方

1. ビニール袋に豚のスペアリブと塩麹を入れてよくもみ込み、冷蔵庫で2日置く。焼く前にも再度良くもみ込む。
2. 鍋にサラダ油を熱し、クッキングペーパーで水分をふいた①を強火でこんがり焼き、**A**を加えて1時間煮込む。
3. チンゲン菜を軸から4等分に切り、よく振り洗いしてさっと塩ゆでする。
4. ②と③を器に盛る。

ポイント

脂分の多い肉でもヘルシーに

脂分の多い肉に塩麹をまぶすと、塩麹に含まれている酵素が脂肪を分解してくれるのでヘルシーにいただけます。

サワラの漬け込み焼き

和食の定番・焼き魚も塩麹で旨味がアップ！
お弁当・朝食・夕食のおかずにピッタリです

材料（2人分）

サワラ……2切れ
塩……適量
A 塩麹……大さじ2
　酒……小さじ1
すだち……1個
新しょうが……2片
B 塩麹……大さじ2
　酢……大さじ4
　砂糖……大さじ2

つくり方

1. サワラは全体に塩をふり、10分置いてクッキングペーパーで水分をふく。**A**をまぶして冷蔵庫で1日以上置く。

塩麹を魚にまぶすと、タンパク質に作用し身がやわらかくなります

2. しょうがの甘酢漬けをつくる。新しょうがはスライスしてさっとゆで、ざるに広げて冷まし、よく混ぜた**B**に30分以上漬ける。
3. ①を焼く前に再度クッキングペーパーで水分をふき、皮目に切り込みを入れる。魚焼きグリルで皮目を上にして中火で約3分焼き、ひっくり返して約3分焼く。
4. ③を器に盛り、②と半分に切ったすだちを添える。

アクアパッツァ

食欲をそそる彩りとオリーヴ油や魚介の香り。
魚はくずれやすいのでフライパンのまま食卓へ

材料（2人分）

メバル……1尾（約350g）
アサリ……200g
にんにく……1片
プチトマト……6個

A
- ブラックオリーヴ……6個
- ケッパー……大さじ1
- 白ワイン……大さじ2
- 水……1カップ
- 塩麹……小さじ2

塩・こしょう……各少々
イタリアンパセリ・ディル（粗みじん切り）……大さじ1
オリーヴ油……小さじ1

つくり方

1. メバルはうろこと内臓を取り除き、切り込みを入れて、塩・こしょうをしておく。

中まで火が通りやすいように、魚の一番厚い部分に切り込みを入れます。反対側も入れてください

2. フライパンにオリーヴ油とにんにくを熱し、香りが出たら①のメバルを入れ、強火でこんがりと両面に焼き色をつける。
3. アサリを加えて軽く炒め、**A**を入れる。沸騰したら中火にして煮汁をメバルにかけながら、7～8分中まで火を通す。
4. プチトマトを加えて皮がはじけてきたら火を止めて、イタリアンパセリとディルを散らす。

ビーフシチュー

塩麹の力でしっとりやわらかい牛肉に変身。
本格洋食店の味が再現できます

材料（2〜3人分）

	牛バラ肉（ブロック）	500 g
A	塩麹	大さじ2
	こしょう	少々
	塩	適量
B	玉ネギ	1/4個
	ニンジン	1/4本
	セロリ	1/6本
	にんにく	1片
C	赤ワイン	1/2カップ
	デミグラスソース	1カップ
	ブイヨン	2カップ
	タイム	1枚
	ローリエ	1枚
	バター	大さじ1
D	アスパラガス	適量
	ニンジン	適量
	ヤングコーン	適量
	バゲット	適宜

※塩ゆでの塩は分量外です。

つくり方

❶ 牛バラ肉は4cm角に切り、塩をまぶして10分置き、クッキングペーパーで水分をふく。ビニール袋に**A**と牛バラ肉を入れ、よくもみ込み、冷蔵庫で3日置く。

❷ **B**はそれぞれ1cm角に切り、にんにくは包丁でつぶす。

❸ フライパンに半量のバターを熱し、②をこんがり炒めて鍋に入れる。残りのバターをフライパンに熱し、①の牛バラ肉を中火でこんがり焼き、同じ鍋に入れる。

❹ ③の鍋に**C**を加えて中火にかけ、沸騰したらあくを取り、フタをして160度のオーブンで1時間煮込む。牛バラ肉に竹串がすっとさされば、牛バラ肉だけ別の鍋に取り出す。

❺ 汁は煮詰めて牛バラ肉を取り出した別の鍋にこし入れる。塩で味を調えて器に盛り、塩ゆでした**D**を飾り、お好みでバゲットを添える。

ホイコーロー

肉の旨味が格段に違う！
ブロック肉からつくる本格派ホイコーロー

材料（2人分）

	豚バラ肉（ブロック）	150g
	塩	適量
A	塩麹	大さじ2
	長ネギ（青い部分）	1本分
	しょうが（スライス）	1枚
	キャベツ	3〜4枚
	ピーマン	1個
	長ネギ	1/4本
B	しょうが（みじん切り）	小さじ1
	にんにく（みじん切り）	小さじ1/2
	豆板醤	小さじ1
	甜麺醤	大さじ1
C	酒	大さじ1
	しょうゆ	小さじ1
	ゴマ油	小さじ1
	サラダ油	適量

つくり方

1. 豚バラ肉は竹串や金串で無数に穴をあけ、塩をまぶして10分置く。クッキングペーパーで水分をふき、ビニール袋に**A**とともに入れてよくもみ込み、冷蔵庫で3日漬け込む。
2. ①をレンジで3分加熱して、10分置いてから3～4mm厚さにスライスする。キャベツは一口大に切り、ピーマンはへたと種とわたを取り除き、一口大に切る。長ネギは3mm厚さの斜め切りにする。
3. フライパンにサラダ油を中火強で熱し、②の豚バラ肉を並べる。焼き色がつけばひっくり返して端に寄せ、空いたスペースで**B**を炒める。香りが立ってくれば甜麺醤を加えて全体を混ぜ、②の野菜を加えざっと炒める。
4. **C**を鍋肌から入れて全体を混ぜ、最後に鍋肌からゴマ油を加えて混ぜ、香りをつけて器に盛る。

豚肉ともちとセロリのロール揚げ

熱々をほおばりたいボリューム満点おかず。
お好みで塩麹とレモン汁をかけて

材料（2人分）

豚ロース肉（薄切り）	120g
もち	60g
セロリ	15g
塩麹	小さじ2
溶き卵	1個分
薄力粉	適量
パン粉	適量
サラダ油	適量
パプリカ（赤・黄・オレンジ）	適量
塩麹	適量
レモン	1/4個

つくり方

1. もちとセロリは豚ロース肉の幅より少し短かめの長さの棒状に切る。
2. 豚ロース肉に塩麹をまぶして、①のもちとセロリを端からはみ出ないようにきっちり巻く。
3. ②を薄力粉、溶き卵、パン粉の順でまぶし、180度に熱したサラダ油でこんがり揚げる。
4. 器にスライスしたパプリカを並べ、その上に2つに切った③を盛る。アクセントとして塩麹とレモンを添える。

八宝菜

とろりとやさしい味の中華の代表料理。
魚介も野菜もたっぷりいただけます

材料（2人分）

- エビ …… 6尾
- イカ …… 60g
- **A**
  - 塩麹 …… 小さじ1
  - 酒 …… 小さじ1/2
- 片栗粉 …… 小さじ1
- 白菜 …… 200g
- スナップエンドウ …… 6本
- たけのこ（水煮） …… 50g
- しいたけ …… 2枚
- きくらげ（もどしたもの） …… 2枚
- うずらの卵（ゆで） …… 6個
- **B**
  - しょうが（みじん切り） …… 小さじ1
  - 長ネギ（みじん切り） …… 大さじ1
- サラダ油 …… 大さじ1
- **C**
  - 酒 …… 大さじ1
  - 片栗粉 …… 小さじ1
  - 鶏ガラスープ …… 1/2カップ
  - 塩麹 …… 小さじ2
  - オイスターソース …… 小さじ1/2
  - こしょう …… 少々

※塩ゆでの塩は分量外です。

つくり方

1. エビは背わたを取って殻をむき、イカは松笠に切れ込みを入れ一口大に切り、**A**をからめて下味をつけておく。**C**はよく混ぜ合わせておく。
2. 白菜は葉と肉厚の芯に分けて、葉は一口大、芯は一口大のそぎ切りにする。スナップエンドウはすじを取り、塩ゆでして冷まし、斜め半分に切る。たけのこは一口大の2mm厚さに切る。しいたけは軸を取り、3mm幅に切る。きくらげは石づきを取り、一口大に切る。
3. ①に片栗粉をまぶして、沸騰した湯に入れて8割がた火を通して取り出し、水分を切る。
4. フライパンにサラダ油を熱し、**B**を入れて強火で炒め、白菜の芯、たけのこ、しいたけの順に加えながら炒める。次に白菜の葉、きくらげ、うずらの卵、③の順に加えて炒め、**C**とスナップエンドウを加えて混ぜ、器に盛る。

牛のもつ煮

子供も大好きになるやわらかもつの煮込み
ついご飯がいつもよりすすんでしまいます

材料（2人分）

	牛もつ（下ゆでしてあるもの）	200g
	ごぼう	40g
	ニンジン	40g
	大根	40g
	こんにゃく	30g
	しょうが	少々
	サラダ油	小さじ1/2
A	酒	大さじ1
	だし汁	250cc
	みりん	大さじ1
B	塩麹	大さじ1
	みそ	大さじ1/2
	白ネギ	適宜
	七味唐辛子	適宜

つくり方

1. ごぼうはよく洗い、斜め薄切りにして酢水（分量外）にさっとくぐらせて洗う。ニンジンと大根はいちょう切り、こんにゃくは短冊切り、しょうがは千切りにしておく。
2. 鍋にサラダ油としょうがを熱し、香りが出ればごぼう、ニンジン、大根を中火強で炒める。
3. 牛もつとこんにゃくを②に加えてさっと炒め、**A**を加えて10分煮て、**B**を加えて軽く煮込む。
4. 水分がひたひたになり、野菜がやわらかくなれば器に盛る。お好みで小口切りの白ネギと七味唐辛子をのせる。

三章

みんな大好き！
麺とお米の一品メニュー

ビーフカレー

我が家のカレーが変わる？ 2日煮込むかわりに
2日塩麹で熟成させたお肉の激旨カレー

材料（2〜3人分）

牛バラ肉（ブロック）…… 500g
塩 …… 適量
A こしょう …… 適量
　塩麹 …… 大さじ2
　りんごのすりおろし …… 1/4個分
玉ネギ …… 2個
ニンジン …… 1/3本
セロリ …… 1/4本
カレー粉 …… 20g
薄力粉 …… 30g
チキンブイヨン …… 1ℓ
塩麹 …… 大さじ1
B おろししょうが …… 小さじ1
　おろしにんにく …… 小さじ1/3
サラダ油 …… 小さじ2
バター …… 小さじ1
ご飯 …… 適量
ピクルス …… 適宜

つくり方

1. 牛バラ肉は3〜4cm角に切り、塩をまぶして10分置き、クッキングペーパーで水分をふく。**A**とともにビニール袋に入れてよくもみ込み、空気を抜いて冷蔵庫で2日置く。
2. フライパンにサラダ油を熱し、①の牛バラ肉を焼く。チキンブイヨンを加え、牛バラ肉が柔らかくなるまでフタをして弱火で約1〜2時間煮る。
3. 別のフライパンにサラダ油とバターを熱し、玉ネギを中火で炒める。しんなりしてくればみじん切りにしたニンジン、セロリを加えてさらに炒める。全体が茶色い飴色になってきたら、小麦粉、カレー粉を炒めながら順に加え、香りが立ってきたところで②と塩麹を加えて溶き伸ばす。
4. 約30分煮込み、**B**を加えてご飯と一緒に器に盛り、お好みでピクルスを添える。

魚介と野菜のちらし寿司

寿司めしがいつもよりマイルドなのは塩麹のおかげ。
魚介と野菜のおいしい橋渡しをしてくれます

材料(2人分)

タイ(切り身・刺身用)……70g

A
- 塩麹……小さじ2
- 酒……小さじ1

エビ……4尾

いくら……大さじ3

オクラ……1本

卵……1個

塩……少々

サラダ油……適量

レンコン……50g

B
- 塩麹……大さじ2
- 酢……大さじ4
- 砂糖……大さじ1

木の芽……8枚

つるむらさきの花……8本

塩麹……小さじ1強

炊き立ての熱いご飯……1合分

C
- 塩麹……小さじ2
- 砂糖……小さじ1
- 酢……20cc

つくり方

1. タイは、**A**をまぶして1時間置く。皮目を火であぶって焼き、氷水に落として水分をふいて端から薄く切る。エビは背わたを取ってゆで、殻をむいて縦半分に切る。オクラは塩でこすってうぶ毛を取り、さっとゆでて輪切りにする。つるむらさきの花は塩麹小さじ1にまぶしてしばらく置く。
2. 錦糸卵をつくる。卵に塩麹少々を加えて混ぜ、薄くサラダ油を引いたフライパンで薄く焼き、千切りにする。
3. はすの甘酢漬けをつくる。レンコンは花形にむき、半分に切って2mm厚さに切る。さっとゆでて冷まし、よく混ぜた**B**に30分以上漬ける。
4. 寿司めしをつくる。炊き立ての熱いご飯を飯台に入れ、混ぜ合わせた**C**をかけてしゃもじで切り混ぜ、全体に混ざったら広げてあおぐ。表面を触って冷めれば、上下を返してあおいで冷ます。
5. 器に寿司めしを盛り、錦糸卵を全体に散らし、タイ、エビ、いくら、オクラ、はすの甘酢漬け、つるむらさきの花を彩りよく飾る。

バッテラ

漬け酢に塩麹を加えてまろやかに。
〆サバには鮮度の良いサバをセレクトして

材料（1本分）

サバ（刺身用）……………………………… 1/2尾
塩 ………………………………………… 適量
A 酢 ………………………………………… 150cc
水 ………………………………………… 250cc
砂糖 ……………………………………… 小さじ2
塩麹 ……………………………………… 小さじ2
昆布（20cm長さのもの）…………………… 1枚
薄口しょうゆ …………………………… 小さじ1
寿司めし（つくり方57ページ）…………… 1合分
みょうが ………………………………… 2個
B 塩麹 ……………………………………… 大さじ2
酢 ………………………………………… 大さじ4
砂糖 ……………………………………… 大さじ1

つくり方

1. サバは骨を取り除き、塩を両面にたっぷりふる。バットにのせて斜めに傾けて約4時間置き、余分な水分を抜く。全体を触り、身がしまってかたくなれば、水で表面を洗い、水分をふく。
2. よく混ぜた**A**にサバを漬け、落としラップをして30分経ったら裏表を返す。昆布とサバの水分をふいて、昆布でサバをはさみ、さらにラップで包んで1時間置く。
3. みょうがの甘酢漬けをつくる。みょうがは軽くゆでて冷まし、混ぜ合わせた**B**に漬ける。
4. サバの皮を頭側からむき、包丁とまな板を平行にして身の厚い部分をそぐ。
5. 巻きすにラップを広げてサバの皮目を下にして置き、そいだ身ものせる。寿司めしを軽く棒状ににぎってサバにのせて巻き、しばらくしてから巻きすだけ外して切り分け、ラップを外して③とともに器に盛る。

⑤で、ラップのまま切れば形がくずれずキレイに切れます

塩麹ラーメン

背脂のようにスープに浮く塩麹がうまみの秘密。
休日のランチにみんなで食べたいメニュー

材料（2人分）

鶏むね肉		100g
水		1ℓ
鶏ガラ		1羽分
しょうが（スライス）		2枚
長ネギ（青い部分）		1本分
塩麹		大さじ1
塩		少々
A	塩麹	大さじ1
	こしょう	少々
塩麹卵（つくり方80ページ）		2個
中華生麺		2玉
味付きメンマ		30g
スナップエンドウ		6本
スプラウト		8g

※塩ゆでの塩は分量外です。

つくり方

❶ 鶏むね肉は塩をまぶして10分置き、クッキングペーパーで水分をふく。さらに塩麹をまぶしてビニール袋に入れて冷蔵庫に2日置く。

❷ 鍋に水と粗切りした鶏ガラを入れて強火にかける。沸騰したらあくを取り、しょうがと長ネギを加えて弱火にして30分火にかけ、こしてスープをつくる。

❸ ②の鶏ガラスープに**A**と①を入れて弱火で約10分火にかける。鶏むね肉に火が通ったら取り出してスライスする。

❹ 器にスープを入れ、ゆで立ての中華生麺をほぐし入れ、スライスした鶏むね肉、塩ゆでしたスナップエンドウ、味付きメンマ、塩麹卵、スプラウトを飾る。

つけうどん

つけだれは熱いままでも冷やしてもおいしい
手打ちならではのしこしこ感を味わって

材料（2〜3人分）

A	中力粉	250g
	水	約1/2カップ
	塩麹	小さじ2
打ち粉（中力粉）		適量
B	だし汁	250cc
	塩麹	大さじ2
	しょうゆ	大さじ2
	昆布	5cm角
	かつお節	10g
	酒	大さじ2
	砂糖	大さじ1
白ネギ・大葉		適宜

つくり方

❶ うどん生地をつくる。ボウルに**A**を入れて混ぜ、1つにまとまってきたら台に出してこねる。丸めて2重にしたビニール袋に入れて30分置く。足で何度も踏んでは生地を取り出して折りたたみを繰り返し、なめらかになるまで生地をこねる。つるりとしたら、冷暗所で半日熟成させる。

❷ 打ち粉をしながら麺棒で①を約25cm長さで3mm程度の厚さに伸ばす。打ち粉を多めに振り、7〜8cm長さに折り重ね、端から3mm幅に切る。

❸ つけだれをつくる。**B**を鍋に入れて一度沸かし、30分置いてからこす。

❹ うどんをたっぷりの熱湯でゆでたら、冷水でしめ、水気を切り、器に盛る。

❺ 熱いつけだれとお好みで白ネギと大葉を添える。

きのことハムのクリームパスタ

塩麹の深い味わいがクリームにコクを出す
パスタ専門店に負けないおいしさ

材料（2人分）

スパゲッティーニ		160g
ブロッコリー		50g
ハム		50g
エリンギ		40g
マッシュルーム		2個
バター		大さじ2
パルメザンチーズのすりおろし		大さじ2
A	生クリーム	1/2カップ
	塩麹	大さじ1
	こしょう	少々
塩		20g

※塩ゆでの塩は分量外です。

つくり方

1. ブロッコリーは一口大、ハムは短冊、エリンギは一口大の3mm厚さ、マッシュルームは石づきを落とし3mm厚さに切る。
2. フライパンにバターを熱し、ハム、エリンギ、マッシュルームを中火で炒め、**A**を加えて混ぜる。
3. 約2ℓの水に塩20gを入れ、沸騰したらスパゲッティーニを入れ、ときどき混ぜながら強火で表示時間よりも1分短くゆで、ざるにあげる。
4. ③の麺と塩ゆでしたブロッコリー、パルメザンチーズを②に加えてよく混ぜ、器に盛る。

そば粉のガレット

生地をねかせることでしっとりガレットに。
炭酸水を使うので生地に気泡ができてより本格的

材料（2枚分）

A そば粉	75g
塩麹	大さじ1
水	1/2カップ
炭酸水	約80cc
玉ネギ	30g
なす	20g
ズッキーニ	20g
パプリカ（赤）	20g
トマト	1/2個
にんにく	1/2片
B 塩麹	小さじ2
こしょう	少々
オリーヴ油	大さじ1
卵	2個
バター	少々
ミックスリーフなどの生野菜	適宜

つくり方

❶ ガレット生地をつくる。ボウルに**A**を入れて泡だて器でよく混ぜ、ラップをして冷蔵庫で半日ねかせる。炭酸水を少しづつ加えて生地のかたさを調節する。

❷ にんにくはみじん切り、他の野菜はそれぞれ1cm角に切る。

❸ フライパンでにんにくとオリーヴ油を中火で熱し、香りが出たら玉ネギを炒める。なす、ズッキーニ、パプリカを加えてよく炒め、野菜に火が通り香ばしくなれば、**B**とトマトを加えて軽く煮詰める。

❹ 別のフライパンにバターを薄くぬり、中火でガレット生地を流し、すぐに③をのせて中央をくぼませ、卵を割り入れる。フタをして約4分焼き、卵が半熟になって底にこんがり焼き色が付けば、4辺を折り正方形にして生野菜とともに器に盛る。

塩麹おにぎり

「日本人でよかった！」と思わずにいられない
お米の甘みと香りが口いっぱいに広がるおいしさです

材料（6個分）

米 ………………………………… 2合
塩麹 …………………… 大さじ2強
塩麹（にぎる用） ……………… 適量
漬けもの ……………………… 適量

ポイント

おこげもおいしい塩麹ご飯に

②で、スイッチを入れる前に30分置いてから炊くと、芳醇な香りが花開き、おいしいおこげができます。

つくり方

1. 米はよくとぎ、ざるにあけて30分置く。
2. 炊飯器に①と塩麹を入れ、炊飯器の2合の目盛りまで水を加え、普通のご飯同様に炊く。
3. 塩麹を軽く手につけ、おにぎりをつくり器に盛り、漬けものを添える。

材料（2人分）

ご飯………… 1合分（茶わん2杯分）
卵 ……………………………………… 1個
塩麹 ……………………………… 小さじ1
チャーシュー ………………………… 40g
レタス ………………………………… 1枚
長ネギ（粗みじん切り）…… 大さじ2
塩・こしょう ……………………… 各少々
サラダ油 ………………………… 大さじ1
A 酒 …………………………… 小さじ1/2
　しょうゆ …………………… 小さじ1/2
　ゴマ油 ……………………… 小さじ1/2

つくり方

1. チャーシューは5mm角、レタスは8mm角切りにする。
2. フライパンにサラダ油を中火で熱し、ご飯を入れる。塩麹を混ぜたとき卵をご飯の上から流し入れ、切り混ぜる。
3. フライパン全体にご飯を広げ、水分を飛ばし、チャーシュー、長ネギ、塩・こしょうを入れ、大きく全体を混ぜ、再び広げたらなるべく混ぜないようにする。
4. レタスを加え、鍋肌から**A**を流し入れ、大きくフライパンをふって味が全体にゆき渡ったら器に盛る。

チャーハン

パラパラが難しいチャーハンも塩麹の力を借りれば
誰でもカンタン！ プロの完成度に近づけます

中華がゆ

だしを入れていないのに不思議な旨味。
これからの朝食の定番になりそうな一品

材料(2人分)

米 ……………………………… 1/2合

A | 塩麹 …………………… 大さじ1
| 水 ……………………… 3カップ

［**トッピング**］

ワンタンの皮 …………………… 1枚

カニのほぐし身 …………… 大さじ2

ザーサイ・香菜 ……………… 各適量

ピータン ………………………… 1/2個

切り干し大根漬け …………… 適量

※切り干し大根漬けは、切り干し大根大さじ1に塩麹小さじ1/2を入れてビニール袋に入れて1日置いたもの。

つくり方

1. 米はよくとぎ、水気を切り、**A**とともに鍋に入れて半日置く。
2. ①を中火強にかけ、約40分米がつぶれるくらいまで炊く。
3. ワンタンの皮はひし形に切って油で揚げておく。その他のトッピング具材は食べやすいように切る。
4. 器に②を盛り、③をのせる。

四章

保存もらくらく
酒の肴と常備菜

自家製ハム

意外とかんたん！ 自家製無添加の
うまみたっぷりなジューシーハム

材料（4人分）

- 豚もも肉（ブロック）……… 300g
- 塩・こしょう……… 各適量
- **A**
  - 塩麹……… 大さじ4
  - タイム……… 1枝
  - ローリエ……… 1枚
  - こしょう……… 3粒
  - にんにく（叩き潰す）……… 1片
  - 水……… 4カップ
  - 砂糖……… 大さじ1
- マヨネーズ……… 大さじ3
- 粒マスタード……… 大さじ1
- クレソン……… 適宜

つくり方

❶ 豚もも肉は、金串や竹串で無数の穴を空け、塩・こしょうをもみ込み10分ほど置いて、クッキングペーパーで水分をふく。

❷ 混ぜ合わせた**A**に、①を漬けて落としラップをして、ときどき混ぜながら、冷蔵庫に3日置く。

❸ ②を漬け汁ごと鍋に入れ、ごく弱火で70〜75度を保って約1時間、豚肉に火を通す。

❹ 漬け汁に漬けたまま冷まし、水分を取って3mm厚さに切り分け器に盛る。マヨネーズと粒マスタードを混ぜ合わせてソースをつくり、とクレソンとともに添える。

洋漬けもの3種

野菜不足の食卓や彩りが欲しいときにピッタリ
手軽につくれていつでも食べられる常備食

材料(4人分)

［トマトの塩麹漬け］

トマト(赤・黄・オレンジ)……………………… 200g

塩麹 ………………………………………………大さじ3

［ヨーグルトのピクルス］

もろきゅう(若採りしたきゅうり)………………4本

姫ニンジン ……………………………………………4本

キャベツ …………………………………………………2枚

ヨーグルト……………………………………… 250g

塩麹 ………………………………………………大さじ3

［ハーブ漬け］

好きな野菜(セロリ、カリフラワー、ヤングコーン、エリンギ、ニンジン、ズッキーニなど)…… 各40g

A
- 白ワインヴィネガー ……………… 1/2カップ
- はちみつ ……………………………大さじ3
- 塩麹 …………………………………大さじ2
- タイム …………………………………1枝
- ローリエ ………………………………1枚
- ミントの葉 ……………………………5枚

塩 ………………………………………………………少々

つくり方

［トマトの塩麹漬け］

トマトはへたを取り、塩麹とともにビニール袋に入れて混ぜ、冷蔵庫で1～2日置く。

［ヨーグルトのピクルス］

❶ もろきゅうは両端を落とし、姫ニンジンは枝付き部分を落とし、皮をむく。キャベツは一口大に切る。

❷ タッパーにヨーグルトと塩麹を入れ良く混ぜ、①を加えて全体を混ぜ、冷蔵庫で2日置く。

［ハーブ漬け］

❶ 野菜は一口大に切り、ビニール袋に入れて塩をまぶして10分ほど置く。**A**は混ぜ合わせておく。

❷ ①のビニール袋に**A**を入れて、空気を抜いて冷蔵庫で1日置く。

サーモンマリネ

塩麹をまぶせばサーモンの甘味が増して
ねっとりやわらかい食感になります

材料（2人分）

サーモン（柵・刺身用）…………………… 200g
塩 ……………………………………… 適量
A | 塩麹 ……………………………… 大さじ4
　| こしょう …………………………… 適量
ディル ………………………………… 少々
オリーヴ油 …………………………… 小さじ1
ライム（スライス）…………………… 2枚
ケッパーベリー ……………………… 4個

つくり方

❶ サーモンは全体に塩をまぶして30分置き、クッキングペーパーで水分をふく。
❷ ①に**A**をまぶし、ラップで包んでタッパーに入れて冷蔵庫で1日漬ける。

塩麹とこしょうをまぶすときは、全体にまんべんなくつくように

❸ クッキングペーパーで②の表面の水分をふき、薄くスライスする。器に並べ、粗切りしたディル、オリーヴ油を全体にかけ、切り込みを入れたライムとケッパーベリーを飾る。

材料（4人分）

- 米ぬか …… 1kg
- **A**
  - 塩麹 …… 900g
  - 塩 …… 30g
  - 唐辛子 …… 2本
- 昆布（10cm角）…… 1枚
- きゅうり …… 1本
- なす …… 1本
- ニンジン …… 1本
- 白菜 …… 1枚
- しょうが …… 1片
- 塩 …… 適量

つくり方

1. 米ぬかはフライパンで、ときどき混ぜながら弱火で10分炒って雑菌を死滅させ、室温になるまでバットなどに広げて冷ます。
2. ①に**A**と細切りにした昆布をよく混ぜ、タッパーに入れて、冷蔵庫で保管する。
3. きゅうりは両端を落とし、なすはへたを落とし、ニンジンはへたを落として皮をむき、しょうがは皮をむく。白菜はタッパーに入る大きさに切る。
4. 野菜に塩をまぶして②のぬか床に漬ける。毎日かき混ぜて冷蔵庫で1週間以上漬ける。

野菜の古漬け

ぬか床も塩麹でおいしく変身。
浅漬けなら5時間で完成！

なすの辛子漬け

なすにしみ込んだ辛さが食欲をかきたてる
白いご飯との相性バツグンの漬けもの

材料（4人分）

なす		3本
塩麹		大さじ3
A	砂糖	30g
	しょうゆ	大さじ1
	酢	小さじ1
	みりん	小さじ1
	練り和がらし	小さじ1/2
つるむらさきの花		適量

つくり方

1. なすはへたを落として縦半分に切り、8mm厚さの半月に切る。
2. ボウルで①と塩麹を混ぜ合わせ、10分置き、水をひたひたまで加えてさっと洗って水分を絞る。
3. よく混ぜ合わせた**A**と②のなすを和えて器に盛り、つるむらさきの花を飾る。

塩麹卵

ラーメンやご飯、お酒のおつまみにぴったりの
かんたんお手軽レシピ

材料（4個分）

卵 ………………………………… 4個
塩麹 ………………………… 大さじ4

つくり方

❶ 卵は少し半熟に11分ほどゆでる。水に入れて冷まして殻をむき、塩麹とともにビニール袋に入れて全体に塩麹がなじむように混ぜ、空気を抜く。ときどきビニール袋の上から混ぜながら冷蔵庫で2日置く。

材料（2人分）

イサキ ……………………………… 1尾
とろろ昆布 ……………ひとつかみ
つるむらさき …………………… 80g
つるむらさきの花 ……………… 適量
ポン酢しょうゆ …………… 小さじ2
※塩ゆでの塩は分量外です。

つくり方

1. イサキは3枚におろし、骨を抜く。
2. ①に塩をまぶして10分置き、クッキングペーパーで水分をふく。
3. ②に塩麹をぬり、とろろ昆布を全体にまぶしてラップに包み、冷蔵庫で3時間置く。
4. つるむらさきの花は4cm長さに切り、さっと塩ゆでして氷水に落として水分を取り、ポン酢しょうゆをまぶす。
5. そぎ切りしたイサキと④をざっくり和えて器に盛る。

イサキのとろろ昆布〆

あっという間に懐石料理クラスの一品が完成！
とろろ昆布で〆るお手軽さもうれしいレシピ

イカの塩辛

つくりたても2〜3日置いても
また違ったおいしさが味わえます

材料（4人分）

イカ ………………………………… 1杯
塩 ………………………………… 適量
塩麹 ……………………… 大さじ1
大葉 ………………………………… 適宜

ポイント

げそは一夜干しで

①で、げそは捨ててしまわず、塩麹をまぶして一夜干しにしましょう。

つくり方

1. イカは胴体からげそや内臓を引き抜き、わたから下と余分な内臓、墨袋を取り除く。胴体は軟骨を引き抜き、エンペラを取り除いて皮をむく。
2. わたと胴体は塩をまぶして30分おき、洗ってクッキングペーパーで水分をふく。
3. 胴体は短冊に切り、わたは細かく刻み、ともに塩麹と和えて器に盛る。お好みで大葉を添える。

材料(4人分)

白菜		1枚
ニンジン		10g
にら		10g
セリ		10g
A	塩麹	大さじ2
	コチュジャン	小さじ2
	粉唐辛子(韓国産)	小さじ1
	おろししょうが	小さじ2
	おろしにんにく	少々

つくり方

1. 白菜は一口大、ニンジンはマッチ棒大、にらとセリは4cm長さに切る。
2. ボウルに**A**を入れ、よく混ぜ合わせて①と和えて器に盛る。

即席パリパリキムチ

野菜をいっぱい摂りたいときにオススメ。
さわやかな辛味であとを引くサラダ感覚の一品

塩麹漬け豆腐

豆腐にチーズのようなコクがうまれる！
ほどよい塩味で酒の肴にもピッタリ!!

材料（4人分）

木綿豆腐 ………………… 1丁
塩麹 ………………… 大さじ1
A｜木の芽 ………… 大さじ1
　｜塩麹 …………… 小さじ1

つくり方

❶ 木綿豆腐は半分の厚さに切り、クッキングペーパーに包んで重石をして、約2/3量になるまで水切りをする。

❷ 塩麹を木綿豆腐全体にぬり、ラップで包んでタッパーに入れて冷蔵庫で2日～1週間置く。途中で水分が出てくれば水分をふき、味見をして味が薄ければ塩麹を少し塗り、ラップで包みなおす。

❸ Aは混ぜ合わせ、保存びんやタッパーに入れて冷蔵庫で保存する。

❹ ②の木綿豆腐を切り分け器に盛り、③を飾る。

永久保存版

塩麹でおいしい
万能だれ＆ソース

塩麹ポン酢

水炊きや湯豆腐、あん肝、冷しゃぶ、焼き魚などに

材料

かぼすの絞り汁	大さじ2
塩麹	大さじ2
昆布だし	大さじ2

つくり方

すべての材料を混ぜ合わせてできあがり。

旬菜と魚介の蒸し物

塩麹ポン酢でいただく

材料（1皿分）

タイ	1切	塩	適量
里いも	小2個	塩麹	大さじ1
えのきだけ	15g	酒	小さじ1
小松菜	2個	塩麹ポン酢	適量

つくり方

1. タイに塩をまぶし、10分置いてクッキングペーパーで水分をふく。塩麹をまぶし、ラップに包んで冷蔵庫で1～2日置く。
2. 里いもは皮をむいて下ゆでし、えのきだけは石づき部分を落としてほぐし、小松菜は5cm長さに切る。
3. 器に①と②を並べ、酒をふりかけ、ラップをして600Wのレンジで約2分加熱する。塩麹ポン酢を添える。

塩麹ゆずこしょう

鍋料理、鶏肉グリル、白身のお刺身、天ぷらなどの薬味に

材料

青唐辛子（みじん切り）……大さじ4
塩麹……大さじ1
塩……小さじ1／2
ゆずの皮（みじん切り）……大さじ1

つくり方

材料を混ぜて密閉して冷蔵庫で1週間置いたらできあがり。

塩麹ゆずこしょうでいただく

湯豆腐の鶏そぼろあんかけ

材料（2皿分）

	絹ごし豆腐	1/2丁
	昆布だし	適量
A	鶏ひき肉	60g
	片栗粉	小さじ2/3
	酒・みりん	各大さじ1
	薄口しょうゆ	小さじ1/2
	塩麹	小さじ1
	だし汁	大さじ2
	塩麹ゆずこしょう	適量

つくり方

1. 絹ごし豆腐は半分に切り、鍋に入れて昆布だしで温める。
2. 鶏そぼろあんをつくる。Aの材料をすべて別の鍋に入れて、中火でゆっくり混ぜながらとろみがつくまで火を通す。
3. 器に①の絹ごし豆腐を盛り、②をかけ、塩麹ゆずこしょうを添える。

山形のだし

ご飯はもちろん、冷奴、そうめんのおつゆ、納豆などに

材料（4人分）

きゅうり……1本
なす……1本
みょうが……1本
大葉……3枚
長ネギ……1/3本
モロヘイヤの葉……15枚
塩昆布（2cm角のもの）……2枚
A しょうゆ……小さじ2
　塩麹……大さじ2

つくり方

野菜と塩昆布をすべて細かく切り、**A**を混ぜ合わせてできあがり。

山形のだしでいただく

山形のだしご飯

材料（4人分）

ご飯……4膳
山形のだし……4人分

つくり方

茶碗によそったご飯に山形のだしをかける。

手づくりケチャップ

ハンバーグ、フライドポテト、ロールキャベツなどに

材料

トマト……400g
玉ネギ……30g
にんにく……少々
A 塩麹……大さじ3
砂糖……小さじ2
酢……小さじ1
クローブ・ナツメグ・こしょう・唐辛子……各少々

つくり方

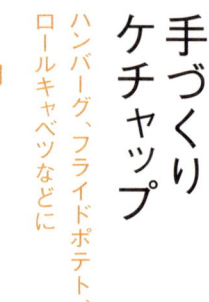

① 野菜はそれぞれ粗みじん切りにして、**A**の材料と合わせて2日置く。
② **A**をミキサーにかけてなめらかになったらフライパンにうつし、弱火でときどき混ぜながら煮詰めてできあがり。

豚肉のピカタ

手づくりケチャップでいただく

材料（2人分）

豚ロース肉（スライス）……4枚（160g）
溶けるチーズ……60g
卵……2個
塩麹……小さじ1
薄力粉……適量
塩……適量
こしょう……適量
手づくりケチャップ……適量
［**つけあわせ**］
フライドポテト、グリーン野菜のバターソテーなど……適宜

つくり方

① 豚ロース肉に塩とこしょうをまぶし、２枚でチーズをはさんで薄力粉をまぶす。
② 卵に塩麹とこしょうを加えて溶き、①の全体につける。
③ フライパンにバターを熱し、②を弱火で焼き、焼き色がついたらひっくり返す。
④ 卵液をぬってひっくり返すを繰り返し、卵の層を厚くする。
⑤ つけあわせとともに器に盛り、手づくりケチャップを添える。

バーニャカウダソース

温野菜やパスタソース、バゲットなどに

材料

にんにく（ゆでて裏ごししたもの）……大さじ2
アンチョヴィペースト……小さじ1
塩麹……大さじ1
オリーヴ油……大さじ3

つくり方

すべての材料を混ぜ合わせてできあがり。

野菜スティック

バーニャカウダソースでいただく

材料（2人分）

ミニニンジン……4本
パプリカ（赤・黄）……各1/6個
ラディッシュ……2個
紅芯大根（スライス）……4枚
バーニャカウダソース……適量

つくり方

ミニニンジンは皮をむき、パプリカとラディッシュは食べやすい大きさに切り、バーニャカウダソースとともに器に盛る。

バジルペースト

白身魚や鶏肉グリル、リゾット、ピザなどに

材料

バジルの葉 ……………… 1パック分
にんにく ……………… 1／2片
松の実 ……………… 大さじ1
塩麹 ……………… 大さじ1
オリーヴ油 ……………… 1／2カップ

つくり方

すべての材料をミキサーまたはフードプロセッサーにかけ、なめらかになればできあがり。

バジルバゲット

バジルペーストでいただく

材料(3人分)

バゲット(フィセル) ……………… 1本
バジルペースト ……………… 適量

つくり方

バゲットを3等分し、それぞれ縦半分に切る。切り口にバジルペーストをぬってトースターで焼く。

塩だれ

ぶしゃぶや焼肉、サラダなどの野菜に

材料

しょうが（みじん切り）	小さじ1
長ネギ（みじん切り）	大さじ2
塩麹	大さじ3
ゴマ油	大さじ1
黒こしょう	適量

つくり方

すべての材料を混ぜ合わせてできあがり。

ゴマ塩だれでいただく

蒸し野菜

材料（2人分）

かぼちゃ	80g
たけのこ（水煮）	60g
チンゲン菜	1株
レンコン	40g
白菜	1枚
プチトマト	1個
ゴマ塩だれ	適量

つくり方

プチトマト以外の材料をせいろに入れて強火で約10分蒸して、竹串を刺してすっと通れば、プチトマトとともに器に盛る。ゴマ塩だれを添える。

食べる塩麹ラー油

ラーメンやチャーハン、餃子のたれなどに

材料

- A
  - にんにく(みじん切り)……小さじ1
  - しょうが(みじん切り)……大さじ1
  - 長ネギ(みじん切り)……大さじ3
  - しいたけ(みじん切り)……1枚分
  - ゴマ油・サラダ油……各1/2カップ
- 粉唐辛子……大さじ1
- オニオンチップス……大さじ2
- 塩麹・しょうゆ……各大さじ1
- 砂糖・コチュジャン……各小さじ1

つくり方

1. 混ぜ合わせたAをフライパンに入れ、約15分弱火にかけて水分を飛ばしたあと、火からおろして冷ます。
2. ①に残りの材料を入れよく混ぜ合わせたらできあがり。

ピリ辛そうめんサラダ

食べる塩麹ラー油でいただく

材料(2人分)

- そうめん……2把(100g)
- 牛もも肉(スライス)……60g
- 梨……1/4個
- きゅうり……1/2本
- もやし……50g
- セリ……適量
- A
  - 塩麹……大さじ1
  - 食べる塩麹ラー油……大さじ4

つくり方

1. そうめんはゆでて冷水でしめて、水分をよく切る。
2. 牛もも肉はさっとゆでて細切りにする。梨ときゅうりは細切りにする。もやしはひげ根を取り、さっとゆでる。
3. 混ぜ合わせたAで①と②を和えて器に盛り、セリを飾る。

手づくり甜麺醤

担々麺やジャージャー麺、ホイコーロー、麻婆豆腐などに

材料

- 長ネギ(みじん切り)……大さじ2
- りんご……1/2個
- 八丁味噌……50g
- 白味噌……40g
- イチゴジャム・砂糖……各40g
- 塩麹・サラダ油……各大さじ1
- 水……250cc

つくり方

1. ボウルに長ネギを入れ、煙が出るまで熱した油を長ネギの上からかける。
2. ①とほかの材料をミキサーに入れて粉砕し、ビンなどに入れ替えて冷蔵庫で1日置く。
3. ②をフライパンに入れて、ときどき混ぜながらじっくり煮詰める。ケチャップくらいのかたさになればできあがり。

鶏のレタス包み

手づくり甜麺醤でいただく

材料(2～3人分)

- 鶏もも肉……1枚
- **A**
  - 塩……少々
  - こしょう……少々
- 塩麹……大さじ1 + 1/3
- 長いも……50g
- サラダ油……適量
- 手づくり甜麺醤……適量
- レタス……適量
- プチトマトサラダ……適宜

つくり方

1. 鶏もも肉は**A**をまぶして10分置き、クッキングペーパーで水分をふく。塩麹大さじ1をまぶして冷蔵庫で2日置く。
2. 長いもは、輪切りにして塩麹大さじ1/3をまぶして冷蔵庫で1日置く。
3. フライパンにサラダ油を熱し、水分をふいた鶏もも肉と長いもを焼く。火が通ったら切り分け、レタスやプチトマトサラダとともに器に盛り、手づくり甜麺醤を添える。

サルサソース

チキンソテーや
トルティーヤ、チップス、
タコライスなどに

材料

トマト（粗みじん切り）……1個分
塩麹……大さじ1
青唐辛子……1／2本
紫玉ネギ（粗みじん切り）……大さじ2
香菜（粗みじん切り）……大さじ1
レモン汁……大さじ1

つくり方

すべての材料を混ぜ合わせ、冷蔵庫で3時間冷やしてできあがり。

タコス

サルサソースでいただく

材料（4個分）

タコス（ハードタコ）……4枚
アボカド……1/2個
レタス……1枚
モッツァレラチーズ（スライス）……4枚
エビ……4尾
サルサソース……適量
※塩ゆでの塩は分量外です。

つくり方

1. アボカドはスライス、レタスは細切りにする。エビは背わたを取り塩ゆでし、殻をむいて縦半分に切る。
2. タコスに①とモッツァレラチーズを詰めて器に盛る。サルサソースを添える。

ヌクチャム

バインセオ（ベトナム風お好み焼き）、麺料理などに

材料

- 唐辛子（輪切り）……1本
- 塩麹……大さじ2
- 水……大さじ1
- 酢……大さじ2
- 砂糖……大さじ1
- にんにく（みじん切り）……少々

つくり方

すべての材料を混ぜ合わせてできあがり。

生春巻き

ヌクチャムでいただく

材料（6本分）

- 生春巻きの皮 ……6枚
- 豚もも肉（スライス）……60g
- エビ ……6尾
- レタス ……2枚
- きゅうり……1本
- 春雨 ……15g
- もやし ……60g
- 香菜 ……適量
- ヌクチャム ……適量

※塩ゆでの塩は分量外です。

つくり方

1. 豚もも肉は塩ゆで、エビは背わたを取り、塩ゆでして殻をむいて縦半分に切る。レタスときゅうりはマッチ棒大に切る。春雨は3分ゆでて水で冷やし、水分を切ってざく切りする。もやしはひげ根を取り、さっとゆでる。
2. ライスペーパーはさっと水にくぐらせ、つるりとした面を下にして、かた絞りのふきんにのせる。豚のゆで汁をライスペーパーの表面全体に軽く塗り、奥に香菜とエビを並べ、手前に豚もも肉、レタス、きゅうり、もやし、春雨をのせる。両サイドを内側に折りたたみ、手前から奥に向かって緩まないようにしっかり巻いて器に盛る。ヌクチャムを添える。

ピーナッツだれ

冷やし中華や蒸ししゃぶ、うどん、サラダなどに

材料

ピーナッツペースト（無糖）……60g
塩麹……大さじ2
スイートチリソース……大さじ2
チキンブイヨン……大さじ2

つくり方

ミキサーにすべての材料を入れて混ぜ、なめらかになったらできあがり。

ガドガド

ピーナッツだれでいただく

材料（2人分）

ゆで卵	1個
ニンジン	1/2本
さつまいも	1/2本
厚揚げ	1枚
ヤングコーン	2本
キャベツ	1/4個
オクラ	2本
スナップエンドウ	4本
ピーナッツだれ	適量

※塩ゆでの塩は分量外です。

つくり方

それぞれ食べやすい大きさに切り、ゆで卵以外は塩ゆでし、半分に切ったゆで卵とピーナッツだれとともに器に盛る。

塩麹でつくるたれ・ソース12種

番外編

ほかにもおいしい「塩麹」

玄米塩麹

玄米のプチッとした
食感がおいしい調味料。
玄米チャーハンなどの炒め物や、
酢の物や和え物などによく合います

用意するもの

玄米麹(生) ……… 500g

A | 塩 ………………… 90g
  | 水 ………………… 1ℓ

つくり方

1. 玄米麹を手の体温を伝えながらよくもむ。
2. 全体がしっとりして軽くつぶせるようになったらAを混ぜる。
3. 大きめのタッパーに入れて常温(24度前後が理想)に置き、1週間ほど毎日1～2回かき混ぜる。タッパーを開いて香りが広がり、麹がやわらかくなったら冷蔵庫へ入れる。

玄米フォカッチャ

プチッの食感がおいしい、香ばしい香りの食事パン

材料

A | 玄米ご飯 …………… 100g
  | 強力粉 ……………… 200g
  | 玄米塩麹 ………… 大さじ1
  | 砂糖 ……………… 小さじ1
  | インスタントドライイースト ………………………… 3g
  | オリーヴ油 …………… 25g
  | 水(人肌程度) ……… 80cc

玄米塩麹 …………… 小さじ2

オリーヴ油 ………… 小さじ2強

つくり方

1. Aの材料をボウルに入れて混ぜ合わせ、水分が全体にほぼゆき渡れば台に出してなめらかになるまでこねる。
2. ボウルにオリーヴ油少々を薄くぬり、丸めた生地を入れ、ビニール袋に入れて口を縛り、35度のオーブンで50分置く。倍に膨れたら折り重ねて押さえ、ガス抜きをする。
3. 麺棒で1cm厚さに伸ばし、クッキングシートを敷いたオーブンプレートにのせて、ビニール袋で覆い、さらに35度のオーブンで60分置く。倍に膨らめば、表面にオリーヴ油小さじ2と玄米塩麹を塗り200度のオーブンで20分焼く。

麦塩麹

味噌に似たなつかしい香りで、
ミネストローネなどのスープや
和風ハンバーグなどによく合います

用意するもの

麦麹（生）………… 500g

A
- 塩 ……………… 90g
- 水 ……………… 1ℓ

つくり方

1. 麦麹を手の体温を伝えながらよくもむ。
2. 全体がしっとりして軽くつぶせるようになったら**A**を混ぜる。
3. 大きめのタッパーに入れて常温（24度前後が理想）に置き、1週間ほど毎日1～2回かき混ぜる。タッパーを開いて香りが広がり、麹がやわらかくなったら冷蔵庫へ入れる。

麦とろご飯

麦のむっちりした食感は、とろろとの相性がバツグン

材料（1人分）

麦ご飯 ……………………… 1膳
大和いも（すりおろし）
……………………… 大さじ3
うずらの卵黄 ………… 1個分
麦塩麹 …………………… 適量
わさび …………………… 適宜

つくり方

麦ご飯に大和いも、うずらの卵黄をのせ、お好みの量で麦塩麹とわさびをかけていただく。

しょうゆの実塩麹

きゅうりなどの生野菜に添えたり、味噌汁の味付け、魚や肉の漬け床として最適な調味料です

用意するもの

しょうゆの実麹 …… 500g

A | 塩 ………………… 90g
  | 水 ………………… 1ℓ

つくり方

1. しょうゆの実麹を手の体温を伝えながらよくもむ。
2. 全体がしっとりして軽くつぶせるようになったら**A**を混ぜる。
3. 大きめのタッパーに入れて常温（24度前後が理想）に置き、1週間ほど毎日1～2回かき混ぜる。タッパーを開いて香りが広がり、麹がやわらかくなったら冷蔵庫へ入れる。

マグロの酢味噌添え

大豆や麦の深みとコクがマグロをおいしくします

材料

マグロ（刺身用）………… 100g
菜の花・エシャレット …… 各40g
塩麹 ………………… 大さじ2

A | しょうゆの実塩麹 ………………… 大さじ1
  | 西京味噌 ………… 大さじ3
  | 卵黄 …………… 1/2個分
  | 酒 ………………… 大さじ1
  | みりん ………… 大さじ1

酢 ………………… 大さじ2

※塩ゆでの塩は分量外です。

つくり方

1. マグロに塩麹を塗り、ラップに包んで冷蔵庫で1日置く。クッキングペーパーでマグロの水分をふき、1cm角に切る。
2. 酢味噌をつくる。**A**を鍋に入れ、よく混ぜながら弱火で温め、ゆっくり卵黄に火を通す。酢を加えて濃度を調整したら火からおろし冷ます。菜の花は塩ゆでして冷ましておく。
3. 器に、マグロ、菜の花、エシャレットを盛り、②の酢味噌をかける。

生麹が買えるお店

生麹のお取り寄せができる選りすぐりのお店をご紹介します。
お店によって麹の香りや味わいが異なるので、
いろいろ試してお気に入りを見つけてください。
生麹からつくる塩麹はおいしいことうけあいです。

『米生麹』1kg　880円　・『麦生麹』1kg　750円
『玄米麹』1kg　1,100円　・『しょうゆの実麹』1kg　945円（各税込）

麹《こうじ》の池《いけ》田《だ》屋《や》醸造《じょうぞう》

熊本県熊本市京町1-10-21

TEL 096-352-0309

HP http://www.ikedayamiso.com/

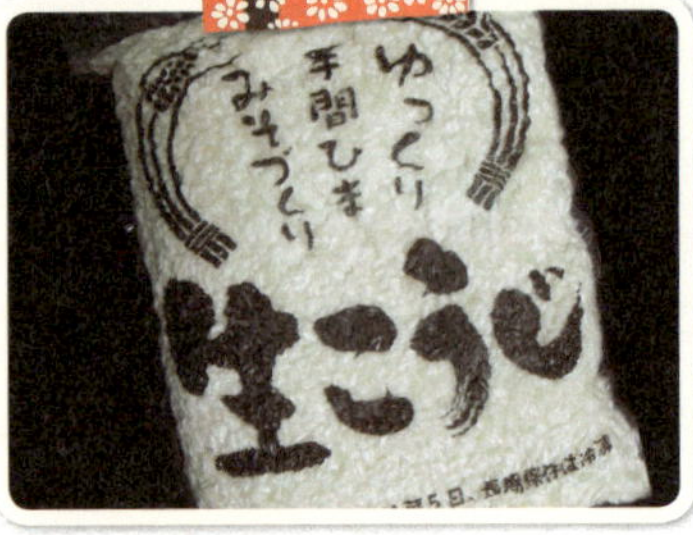

『生米こうじ』1kg　800円（税込）

鈴木《すずき》こうじ店《てん》

静岡県静岡市駿河区高松1944-1

TEL 054-237-1593

HP http://suzukikoujiya.com/

『米麹 有機JAS認定米使用』500g　825円（税込）

味噌《みそ》星六《ほしろく》

新潟県長岡市摂田屋4-5-11

TEL 0258-32-6206

HP http://www.hoshi6.com/

『国産生こうじ』1升　1,280円（税込）

生《なま》こうじの大阪屋《おおさかや》

京都府舞鶴市堀上68

☎0120-038-502

HP http://www.namakouji.com/

『生麹（米麹・麦麹・豆麹）』各1kg
各1,050円（税込）

糀《こうじ》屋《や》三《さん》左《ざ》衛《え》門《もん》

愛知県豊橋市牟呂町内田111-1

TEL 0532-31-0311

HP http://www.koji-za.jp/

『五十嵐こうじ屋の糀』450g
500円（税込）

五十嵐《いがらし》こうじ屋《や》

新潟県胎内市草野183

TEL 0254-44-7771

HP http://www.tedukurimiso.com/

※各店の商品パッケージや値段は変更になる場合があります。（2011年9月1日現在）
※お店によって、季節や在庫数によりご要望にお応えできない場合がありますがご了承ください。
※発送料については各店へお問合せください。

生活も心も豊かにする日本の伝統食

浅草橋しおこうじ物語の 旨み塩麹

東京は浅草橋に「塩麹」に魅せられた人がいます。外食チェーン店のレシピ考案などの仕事をしている石井さんは、アトピー性皮膚炎だった娘への思いから、添加物や化学調味料の人体影響に疑問を感じ、日本古来の食べ物についての勉強をしていました。そこで注目したひとつが「麹」でした。麹には、健康維持・体力増進・美肌効果・老化防止など体に良い作用をたくさん含んでいます。それを手軽に普段の食事に取り入れられるよう、長い間研究に研究を重ね、麹屋に特注でつくってもらったこだわりの麹で『旨み塩麹』を完成させ、大正時代から続く「豆腐蔵前」の四代目とタッグを組み、販売を始めました。

「3月の震災の時、仕込み中の塩麹だけが被害もなく無事だったんです。そして、震災後にボランティアで宮城県を訪れると、インスタントラーメンを食べる被災者にこう言われたんです。〝支援物資は非常にありがたいが、インスタントラーメンでは明日が見えない〟と」その後、石井さんはすぐさま同じ場所で新鮮な肉や野菜を使ってすき焼きの炊き出し

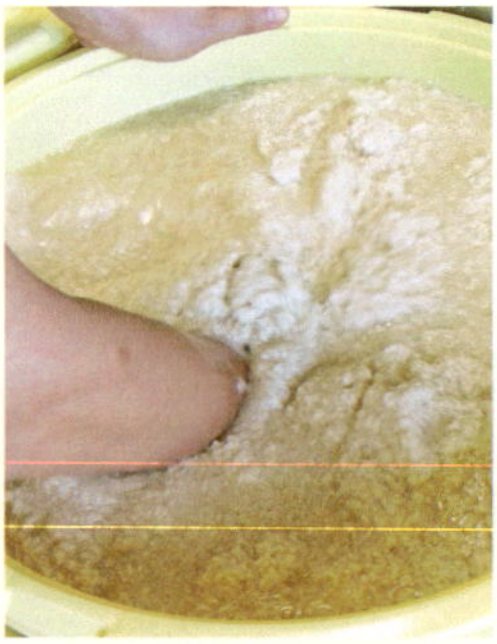

湿度や温度、麹の活性状態をみながら、塩麹の混ぜ方や回数を毎日変えています

「これからの仕事は、食でみんなを笑顔にしたい」と笑顔で話す石井さん

をし、被災地の方に非常に喜ばれたそうです。そして、石井さんは改めて〝食の基本を忘れてはいけない。〟と強く決心し、発酵食品を摂ることの大切さをより多くの人へ発信するため、『旨み塩麹』の販売だけでなく、新たな塩麹メニューの開発や塩麹セミナーなどに精力的に取り組んでいます。また、石井さんが開催しているセミナーでは、試食というのに前菜からデザートまで塩麹のフルコースが楽しめ、お土産に塩麹までいただけます。セミナーに参加した人はみな石井さんの塩麹ワールドに引き込まれてしまうこと間違いなしです。

塩麹料理を自宅でおいしくつくるコツ

コツ1 塩麹のさじ加減に気をつける

塩麹の旨みが出るからといって入れ過ぎに注意してください。旨みプラス塩分なので、通常の塩と同量かもしくは少し少な目が適量です。

コツ2 食材の性質を知る

塩麹の原理は、デンプン質を糖に変え、タンパク質をアミノ酸に変えます。卵に加えれば、塩分だけでなく卵のタンパク質が甘味になるので、それだけでおいしくいただけます。しかし、冷めたカレーの中に塩麹を足すと、小麦粉のデンプン質が分解されてとろみがなくなり、サラサラの状態になってしまいます。旨みとして使用する場合は、加熱をして使用してください。同じ原理で、冷めたご飯に塩麹を混ぜるとデンプン質が分解され、ご飯粒がパラパラになるので、そのまま炒めると上手にチャーハンができます。

塩麹セミナーや講習会のお問合せ

塩麹推進プロジェクト『浅草橋しおこうじ物語』

東京都台東区柳橋2-15-2 リエトコート浅草橋1202
有限会社フード企画・141内

専用携帯 090-3912-1530 MAIL info@foodkikaku-141.co.jp
HP http://www.foodkikaku-141.co.jp/shiokoji_story.html

『旨み塩麹』の販売店

四代目 豆腐蔵前 高見修平

東京都台東区蔵前3-3-6

※「旨み塩麹」についてのお問合せは上記「塩麹推進プロジェクト」までお願いします。

自然の旨み調味料
『旨み塩麹』
640円（200cc）
1,150円（400cc）
※通販をご希望の方は、「塩麹推進プロジェクト」までお問い合わせください。

塩麹が買えるお店

生麹からつくらなくても塩麹は手に入ります。
専門店の味を試したい方は、こちらのお店へお問合せください。
自分でつくった塩麹と比べてみるのもいいですね。
奥深い塩麹の世界が広がります。

『塩こうじ』250g　787円（税込）

高澤《たかざわ》醸造《じょうぞう》株式会社《かぶしきがいしゃ》

石川県羽咋市下曽祢町ノの部
50番地
TEL 0767-26-0261
HP http://miso-takazawa.jp/

『塩麹キャップボトル』400g詰　525円（税込）

おたまや

山形県米沢市城西4-7-33
0120-23-0055
HP http://www.otamaya.com/

※各店の商品パッケージや値段は変更になる場合があります。（2011年9月1日現在）
※お店によって、季節や在庫数によりご要望にお応えできない場合がありますがご了承ください。
※発送料については各店へお問合せください。

あとがき

日本の平均寿命は世界一ですが、〝長寿〟と〝食〟との関係は切っても切れないものと思います。味噌や醤油や漬物をはじめとする発酵食品は、長い日本の食文化の中で培われてきたものです。おいしい上に、身体にもよいとのことで、世界からも大変注目されています。特に麹は、酵素の働きにより、腸内環境を整えたり、肌のキメを整え美白効果があったりと、うれしいこと尽くしです。私も小さい頃から食事に麹を沢山取り入れていたためか、体力や免疫力、健康な肌などを維持できているのだと思います。『こんな素晴らしい食材、もっと積極的に取り入れたい！』と思い、料理に手軽に使える塩麹づくりを始めました。初めは見よう見真似でしたが、種菌からつくった麹で試したり、水や塩の配合を変えたり、さまざまな麹で味比べしたり、つくり方や温度を変えたりと、試行錯誤している内に、自分に合ったつくり方や配合などが見えてきました。

麹は生き物で、気持ちを込めてつくることで、ちゃんと応えてくれます。おいしい塩麹が仕上がる過程や麹と向き合う時間はとても楽しいものです。塩麹は、つくり方も簡単ですし、一度つくって冷凍しておけば半年は持ちますし、なによりお料理がおいしくなります。是非、愛情たっぷりのオリジナル塩麹を作って、オンリーワンのお食事を楽しんでいただき、豊かで健康な食生活をお送りいただければと思います。

料理研究家　川上文代

索引

［野菜・くだもの］

料理監修

川上 文代　Fumiyo Kawakami

「デリス・ド・キュイエール川上文代料理教室」主宰。

料理研究家。

教室では、本格的なフランス料理から基本の家庭料理、オリジナリティ豊かな料理を提案。辻調理師専門学校外来講師、NHKきょうの料理講師、雑誌や新聞へのレシピ掲載、企業での料理開発、食育インストラクター、フードアナリスト、千葉県・館山クッキング大使としても活躍。「イチバン親切な教科書」シリーズは、料理上達の手引き書として「日本図書館協会選定図書」に指定され、中国語版など海外でも販売されている。

麹の力でやわらかヘルシー

塩麹のおいしいレシピ

2011年10月15日　初版発行
2012年 1 月10日　第2刷発行

調理アシスタント　結城寿美江
撮影　高橋宣仁　阿部吉泰（blowup）
デザイン　武田優美子　荒川祥子（fairground）
編集　大橋友紀（Y's GARDEN）
印刷・製本　シナノ印刷株式会社
発行者　佐藤秀一
発行所　東京書店株式会社
〒160-0022
東京都新宿区新宿1-19-10-601
TEL 03-5363-0550
FAX 03-5363-0552
URL http://www.tokyoshoten.net
郵便振替口座　0018-9-21742

Printed in Japan
ISBN978-4-88574-983-4